UNE

QUESTION ALGÉRIENNE EN SOUFFRANCE

PAR

CHARLES ROUSSEL,

Conseiller d'État.

(Extrait de la *Revue Internationale de Sociologie*).

PARIS

V. GIARD & E. BRIÈRE

LIBRAIRES-ÉDITEURS

16, Rue Soufflot, V⁰ arr¹.

1903

UNE

QUESTION ALGÉRIENNE

EN SOUFFRANCE

PAR

CHARLES ROUSSEL,

Conseiller d'État.

(Extrait de la *Revue Internationale de Sociologie*).

PARIS

V. GIARD & E. BRIÈRE

LIBRAIRES-ÉDITEURS

16, Rue Soufflot, Vᵒ arrᵗ.

1903

QUESTION ALGÉRIENNE EN SOUFFRANCE

I

La politique algérienne, qui présente toujours un double aspect, extérieur et intérieur, semble aujourd'hui avoir pour dominante dans les préoccupations gouvernementales le premier de ces objectifs. L'adoption par la Chambre des députés d'un récent projet de loi (25 mars 1902), qui crée une nouvelle organisation administrative et militaire pour le *territoire du sud*, placée sous l'autorité du Gouverneur général, a soulevé l'opposition des députés algériens présents à la séance, et leur organe, l'honorable M. Thomson, demandait l'ajournement de la discussion, en exprimant la crainte que cette autorité fut simplement nominale, et que les commandants militaires ne s'en rendissent par la force des choses indépendants. C'était, suivant lui, se lancer dans une aventure qui aurait pour immanquable résultat de grever nos finances déjà si surchargées, et, prévoyant d'autres périls, l'orateur rappelait des paroles du Président du Conseil, qui constituaient à son sens un engagement, auquel on donnait un démenti. « L'expansion de l'Algérie, avait dit à plusieurs reprises M. Waldeck-Rousseau, est arrivée à son terme, et l'on ne saurait plus prévoir des expéditions militaires. » « Or, vous êtes en train, ajoutait M. Thomson, de préparer une reprise de cette politique. » Ces appréhensions, que la Chambre ne partagea point, se liaient dans certains esprits aux idées personnelles présumées de M. Révoil et aux circonstances dans lesquelles il fut nommé. On a prétendu dans certains milieux que ce choix était déterminé par l'arrière-pensée d'une annexion du Maroc, dont M. Révoil estimait l'heure venue ou prochaine.

Il est certain que les fréquentes incursions de pillards pourraient procurer des occasions d'ouvrir une nouvelle ère de luttes. Le général de Wimpffen, qui était partisan d'une politique mondiale et de la conquête ininterrompue, en prit texte pour diriger, dans les dernières années de l'Empire, une expédition contre le Maroc. Il fut arrêté devant Figuig, et rentra à Oran, avec des troupes exténuées, très mortifié de son échec, et convenant qu'il fallait renoncer à envahir un pays si bien défendu par les accidents du sol, habité par une population non dénombrée, mais notoirement supérieure à celle de nos tribus, fanatique, belliqueuse, facile à pourvoir d'armes, de munitions et de vivres, même avec un blocus maritime très sévère, et dont nous provoquerions en représailles l'attaque de notre propre territoire, où ils soulèveraient nos sujets musulmans. Une telle entreprise aurait non seulement toutes chances d'avorter, mais pourrait entraîner la perte de nos possessions de l'Afrique du Nord. Pas un mot dans la réponse du Gouverneur général n'autorise à penser que ses vues ne soient pas des plus pacifiques, et la réflexion doit d'ailleurs faire justice de desseins conquérants que dans les conjonctures présentes rien ne justifierait.

C'est pour garantir les tribus algériennes limitrophes du Maroc contre les agressions qui n'ont d'autre motif que des razzias à faire sur elles, et pour fortifier notre établissement, que des cordons de soldats, sous les ordres du commandant supérieur d'Aïn-Séfra, garderont notre frontière marocaine. Ces troupes se relieront, grâce à des communications que le budget spécial des territoires du sud, institué par la loi du 25 mars 1902, permettra de créer promptement, aux garnisons de trois autres commandements militaires, placés à Ouargla, Laghouat, et dans les Oasis sahariennes, de manière à former, de l'est à l'ouest, dans la région du sud, une ligne continue de défense, et au besoin de pénétration.

L'attribution d'une personnalité civile distincte à cette partie du territoire, que le commissaire du gouvernement appelait une seconde Algérie, aura aussi certainement pour effet d'y susciter de grands travaux publics, d'y faire construire des chemins de fer, des routes, d'y favoriser l'exploitation des richesses naturelles, œuvres toutes de progrès et de paix ; par conséquent M. Thomson se faisait l'écho d'alarmes injustifiées ; et non moins vaines étaient ses inquiétudes du retour sous une forme quelconque de la suprématie militaire, le Gouverneur civil ayant la main sur les services de l'armée, et revendiquant hautement les responsabilités attachées de ce chef à sa fonction, dont il ne laisserait usurper aucune part.

M. Pourquery de Boisserin jugeait d'autre part hâtive et incomplète l'élaboration de cette loi, par suite du défaut de consultation préalable des corps délibérants de l'Algérie, intéressés au premier chef à fournir leur avis, et son opinion semblait trouver de l'écho au Sénat. Entre le mois de mars et le moment où la Chambre haute devait être saisie, le gouvernement a pris soin de combler la lacune signalée. Les corps électifs algériens ont eu à se prononcer, et leurs délibérations approbatives levèrent les scrupules des hésitants du Sénat qui, dans une des dernières séances de la session de 1902, sur le rapport de M. Denoix et après quelques observations de M. Treille, sénateur de Constantine, adoptait telle quelle la loi précédemment votée par la Chambre des députés, et publiée à l'*Officiel* du 27 décembre 1902. Son application sera désormais une des principales préoccupations du Gouverneur général. Il ne faudrait pas qu'elle en devint le souci exclusif. D'autres objets très importants d'ordre intérieur méritent son attention et la sollicitude des pouvoirs publics, en première ligne la question d'intérêt capital de la propriété, qui a même aujourd'hui un caractère particulier d'urgence accentué par la loi de réorganisation générale votée depuis deux ans.

Le Gouverneur général de l'Algérie se trouve en présence de difficultés, non insolubles sans doute, mais très grosses et qu'il aura de la peine à surmonter. Il a charge de concilier les intérêts de la colonisation avec ceux de l'indigénat, qui semblent à certains irrémédiablement opposés et sont en ce moment à l'état de conflit aigu. Il se produit en Algérie un phénomène qui, sans être l'image exacte de la lutte engagée dans la métropole entre le capital et le travail, offre des analogies avec cette situation. D'un côté sont ceux qui veulent tout avoir, de l'autre ceux qui ont peu ou rien et veulent conserver leurs restes ou regagner leurs pertes. Comment a été amené cet état de choses? C'est ce qu'apprendrait l'étude de la législation algérienne sur la propriété; cependant on risquerait de ne retirer de cette longue et laborieuse exégèse des textes qu'une intelligence incomplète de la question, si un peu d'histoire ne venait éclairer les recherches. Quand on a vécu plusieurs années au milieu des préoccupations et des passions locales, s'y associant quelquefois, le plus souvent se contentant d'observer, mais toujours attentif, on est certainement en mesure de fournir à cet égard quelques explications justifiées par l'intérêt que le sujet comporte. Il ne saurait convenir que de procéder à grands traits, et nous nous bornerons à suivre pour cet exposé *summa fastigia rerum*. Tout d'abord on peut poser en fait, et la suite de ce travail aura en partie pour objet de le démontrer, que la querelle économique s'est greffée sur la vieille rivalité de la toge et de l'épée. Le différend, surgi dès les débuts, a persisté toujours, à des degrés divers, suivant les temps, et est encore au fond des choses, y suscitant par moments une émotion dont la séance de la Chambre du 25 mars dernier porte le témoignage.

Le régime foncier que nous trouvâmes en vigueur chez les Arabes est aujourd'hui très connu. Il suffira d'en rappeler les principales divisions : biens *Beylick,* ou de l'État ; biens *Melk,* ou propriétés privées ; biens *Arch,* de beaucoup les plus considérables, possédés par les tribus en jouissance, le fonds appartenant au Sultan, mais quelquefois concédé en pleine propriété à leurs tenanciers par l'autorité politique, ce qui avait lieu en général pour les rémunérer d'un service militaire, et leur assurer une stabilité de résidence respectée des Beys, dont un des moyens de police consistait à déplacer arbitrairement les tribus. On connaissait aussi une quatrième catégorie de biens, les *Habous,* sorte de domaine religieux constitué par des donateurs propriétaires de melk, qui avaient affecté leur héritage à des œuvres pieuses, soit en donnant la nue-propriété à ces établissements avec réserve d'usufruit indéfini au profit de leur descendance, soit inversement en laissant à leurs hoirs la propriété nue et l'usufruit aux établissements, soit enfin par l'attribution à ceux-ci de la pleine propriété.

Les biens *Arch* appartenaient donc, en jouissance ou quelquefois en propriété, indivisément à tous les membres de la tribu, mais leur exploitation présentait ce phénomène que les pauvres qui, dans les rangs de l'indigénat, comme partout ailleurs, formaient la majorité, ne participaient point à la distribution des parts du domaine collectif. Elle se faisait seulement entre les gens de grande tente et les *fellah,* c'est-à-dire entre l'aristocratie et la bourgeoisie, et non par la voie du sort, comme chez les Germains et les Slaves, mais en proportion de la fortune des concurrents. Tant on possédait de paires de bêtes de labour, tant on obtenait de *zouidja,* c'est-à-dire d'unités de contenance de huit à dix hectares.

La répartition se fût régulièrement effectuée tous les ans par les soins du chef de la tribu, assisté de la *Djemaa,* ou réunion des notables, mais en fait les attributaires restaient sur les lots immémorialement répartis à leurs ancêtres lors des opérations primitives, et la possession du fellah avait toutes les apparences extérieures de celle que nous exerçons sur nos propriétés. La plèbe des tribus formait les vrais travailleurs de la glèbe, qui la cultivaient pour les détenteurs, moyennant un cinquième de la récolte brute, d'où le nom de *khrammess* donné à cette catégorie. Un bourgeois Arch présentait donc tout d'abord l'aspect d'un de nos propriétaires ruraux, ayant à son service un personnel plus ou moins nombreux de métayers et de domestiques, suivant l'importance du domaine.

C'est cette surface qui fit illusion sur la situation véritable, dont ni le Gouvernement français, ni les immigrants ne se doutèrent à l'origine. Ceux-ci achetèrent de bonne foi à des indigènes, qui se disaient et qu'ils croyaient propriétaires, des biens appartenant à la collectivité. Dès qu'il s'agit de prendre possession, la communauté réclama : « Nous avons sur le sol les mêmes droits que toi, tu ne pouvais « vendre sans notre consentement. » De là des procès qu'il n'y avait pas moyen d'éviter, car, liés par nos engagements de respecter le statut de l'indigénat et ses propriétés, il fallait ouvrir les tribunaux aux contestants. La justice était fort embarrassée, impuissante à solutionner, et devant ces difficultés, il arrivait souvent que des plaideurs se désistaient au cours des instances, après avoir exposé des frais en pure perte. Ces mécomptes multipliés ouvrirent les yeux, et alors on prit, à la fois dans l'intérêt des indigènes et des Européens, les premières mesures qui eurent pour résultat de mettre obstacle aux transactions immobilières. L'ordonnance de 1844 ne les prohiba pas absolument, mais elle les rendit fort malaisées, et celle de 1846 y ajouta de nouvelles complications, de sorte qu'elles furent en réalité suspendues jusqu'en 1851 sur l'ensemble du territoire.

L'administration s'était appliquée dans l'intervalle à rechercher les biens de l'État, qui devaient former un lot important pour la colonisation, au moyen de concessions accordées à l'initiative privée. Mais ces concessions furent presque exclusivement distribuées à la faveur. On donna très peu de terres, et de qualité inférieure, aux colons qui n'apportaient que leurs bras et leur bonne volonté, et encore imposa-t-on des conditions sous clauses résolutoires, tandis qu'on récompensait par des concessions libérées des services de fonctionnaires, et qu'on attribuait des domaines immenses à de grands personnages bien en cour. Je sais une terre de plus d'un millier d'hectares dont il fut fait gratuitement cadeau, à un homme célèbre, duc et pair, ancien ministre de Louis-Philippe, père d'un président du Conseil de la troisième République. Au vrai, pour que la libéralité ne parût pas entièrement de bienfaisance, le contrat portait charge de défricher et de bâtir, et même dans l'espèce, l'inexécution de ces conditions faillit entraîner sous le second empire l'éviction de l'héritier, qui s'était signalé parmi les opposants au régime, et il dut alors se conformer, dans une certaine mesure, aux obligations acceptées par le concessionnaire primitif. On concéda aussi à d'autres particuliers, isolés ou réunis en association, de vastes superficies, en leur imposant, ce dont presque tous se dispensèrent par mauvaise volonté ou impuissance, d'y créer des centres coloniaux.

Avec ces errements qui sacrifiaient tout aux influences politiques, les colons ruraux, les ouvriers du sol n'obtenaient rien, ou à peu près, et ils étaient obligés pour vivre de se faire marchands de gouttes, industrie favorisée par les fréquents passages de troupes et par ce besoin d'oublier, de s'étourdir dans l'ivresse, dont se sentaient atteints tant de malheureux déçus de leurs espérances. Et ces derniers n'étaient pas tous de ces natures déréglées poussées hors de leur clocher natal par des goûts de vagabondage et la fièvre de l'aventure, ou encore pour d'autres causes pires ; il y avait parmi eux nombre de sérieux et honnêtes travailleurs, appliqués dès la première heure à remplir leurs obligations de concessionnaires, mais ruinés par la nécessité d'y faire face avant l'expiration des délais d'affranchissement, et dépossédés sans indemnité, sur le rapport des inspecteurs de colonisation.

Ces fonctionnaires, créés en 1845 et qui exercèrent pendant une vingtaine d'années, avaient une mission très complexe, résultant d'arrêtés du Gouverneur général de février et mai 1846 conçus dans des termes dont l'imprécision mettait en leurs mains des pouvoirs considérables qui devaient fatalement les conduire à des abus. C'est ainsi que, sans se demander si la nature du sol s'y prêtait ou y répugnait, ils prétendirent imposer des cultures déterminées, et qu'ensuite, lorsqu'ils constataient dans leurs tournées de vérification que ces cultures avaient été abandonnées pour d'autres moins onéreuses, au lieu de s'en prendre à leur propre ignorance et de savoir gré au concessionnaire de ses efforts en vue d'un résultat meilleur, il ne lui pardonnaient pas sa désobéissance et impitoyablement concluaient à l'expulsion, que l'administration prononçait souvent, sans autre forme de procès, pour satisfaire aux demandes de nouveaux arrivants. J'ai connu de leurs victimes (1). Ces agents qu'il eût fallu, ce semble, recruter parmi des

---

(1) Ici un souvenir personnel. Deux colons d'Aïn-Sultan, venus des pays rhénans — ils s'appelaient Ley et Tongres — de braves gens déjà vieux, n'ayant pu s'acquitter entièrement des charges de leur concession, reçurent de l'autorité préfectorale sommation de déguerpir. Sur leur refus, le sous préfet les assigna devant le juge local des référés pour s'entendre condamner à vider les lieux. Leurs explications fournirent au magistrat le moyen de décider que, s'agissant d'une question de propriété, il n'y avait lieu à référé (on retrouverait l'ordonnance dans les archives de la justice de paix de Mi-

personnes qualifiées par quelques connaissances agricoles, n'étaient guère pris que dans les rangs de fonctionnaires d'un ordre plus élevé en disgrâce, ou chez les gens de lettres ratés, en détresse sur le pavé de Paris. Le plus notoire, et non des moins excentriques, fut Pétrus Borel, un pamphlétaire de quelque talent d'ailleurs, qui, pour caractériser sa sociophobie, s'intitulait le lycanthrope, et dont un personnage politique, importuné de ses attaques, se débarrassa en lui procurant ce lointain gagne-pain. Un autre, ancien journaliste des Antilles, échoué comme capitaine de santé dans un petit port d'Algérie, fut, après la suppression de cet emploi, nommé dans le service de l'inspection parce qu'on ne savait où le caser.

Plusieurs d'entre eux, à leur entrée en fonctions, n'eussent pas été capables de distinguer un grain de blé d'un grain d'orge, mais ils ne s'en posaient pas moins en professeurs infaillibles d'agriculture. On citait d'eux des traits d'une invraisemblable fantaisie. Ils surent cependant parfois reconnaître d'honorables tentatives faites en dépit de leurs instructions et accorder des délais aux retardataires; mais comme les mesures de rigueur, pour rares qu'elles fussent, atteignaient invariablement les petits, qu'on épargnait les gros et fermait volontiers les yeux sur leur négligence, les colons se plaignaient, avec une amertume justifiée, de ces différences de traitement, et ils en faisaient remonter les torts au Gouvernement général responsable de la gestion de ces fonctionnaires qu'il avait choisis sans contrôler leurs aptitudes. Les colons auraient eu besoin d'aide, d'une protection qui, sans gêner leur initiative, les servît efficacement, et ils étaient plutôt tenus en défaveur et méfiance, abandonnés, sacrifiés ou même traqués; aussi leurs doléances éclataient fréquemment, s'en prenant, pas toujours avec beaucoup de justice, mais en bien des cas non sans quelque raison, à l'autorité militaire, maîtresse du pays et le gouvernant à sa guise, dans un plein arbitraire. Ils réclamaient la liberté d'action et le droit de se répandre à leurs risques et périls, ne demandant aux

---

lianah, année 1862 ou 63), et ils durent aller devant le tribunal compétent. En furent-ils empêchés par le manque de ressources, ou bien la juridiction saisie prononça-t-elle contre eux? Je l'ignore. Toujours est-il que peu de temps après l'administration les arracha brutalement, *manu militari*, de leur lot, au profit de la veuve d'un commissaire civil. Celle-ci consentit, je crois, à les rembourser d'une partie des dépenses qu'ils avaient faites sur le fonds dont elle devenait propriétaire.

pouvoirs publics que de garantir la sécurité générale du pays ; à quoi l'autorité répondait que cette tâche d'assurer la sécurité eût été précisément compromise par leurs exigences, qu'ils étaient trop portés aux entreprises hasardeuses, et que, par les entraves imposées à leur témérité, elle les défendait contre leur propre imprudence et leur épargnait de cruelles déceptions. D'ailleurs, leurs allures frondeuses, leur esprit d'insubordination n'étaient pas sans jeter quelques ferments d'indiscipline parmi les indigènes mis en contact journalier avec eux. Il y avait du fondement dans ces objections, comme dans les griefs de ceux auxquels elles s'adressaient, mais de part et d'autre on aimait mieux récriminer que chercher à s'entendre, et les animosités mutuelles allaient s'aigrissant.

Ces tiraillements qui étaient connus en France n'encourageaient guère les immigrants. La colonisation avait tout de même gagné des recrues et du terrain. L'espace commençait à lui manquer, mais on s'obstinait à le lui mesurer avarement. A la suite de la Révolution de février elle espéra des facilités plus grandes. L'Algérie eut des députés qui purent défendre au Parlement, avec compétence et dévouement, les intérêts de leurs commettants. L'Assemblée constituante résigna son mandat avant de s'être occupée d'elle, mais l'Assemblée législative vota, en 1851, quelques mois avant le coup d'État, une loi qui substituait en principe le régime du droit commun à l'état de choses institué par les ordonnances royales de 1844 et 1846.

La loi de juin-juillet 1851, préparée par une commission où figuraient tous les représentants de l'Algérie et rapportée par l'un d'eux, ne donnait pas toutes les satisfactions réclamées, ce qui eût été prématuré, mais elle suffisait aux besoins de l'heure, et elle est restée, avec quelques modifications apportées par des décrets d'une constitutionnalité discutable, jusqu'en 1873, la charte de la propriété foncière en Algérie. La loi de 1851 proclamait le droit pour chacun de jouir et de disposer pleinement de sa propriété, en se conformant à la loi ; mais elle déclarait qu'aucun droit de propriété ou de jouissance portant sur le sol d'une tribu ne pourrait être aliéné au profit de personnes étrangères à la tribu, et prononçait la nullité de ces aliénations. Elle édictait que la transmission de biens entre Musulmans continuerait d'être régie par la loi musulmane, et entre toutes autres personnes par le Code civil, avec cette restriction toutefois que, dans le cas de vente par un Musulman à un non Musulman, d'une portion d'immeuble indivis entre le vendeur et d'autres Musulmans, l'action en retrait successoral connue sous le nom de *cheffaa* pourrait être accueillie par la justice française, qui autoriserait ou refuserait le retrait suivant les circonstances.

Il résultait de cette disposition des aléas qui rendaient bien des transactions illusoires. Et, en effet, il s'en fit très peu ; d'où nouvelles protestations des colons qui se plaignaient d'étouffer dans leur domaine trop étroit. Leurs griefs, énoncés sans ménagements, parurent si importuns que l'autorité essaya de leur fermer violemment la bouche par des mesures d'un caractère tyrannique. Ainsi, il fut fait défense de pénétrer dans les territoires militaires pour commercer, ou même pour excursionner en touriste, sans l'autorisation des commandants militaires, et de là, pour ceux qui avaient obtenu ces permissions en vue d'achats de laines, de grains ou de bestiaux, un privilège exorbitant d'accaparement. Quelques-uns s'y sont enrichis, mais beaucoup, ayant trop étendu leurs opérations, finirent par s'y ruiner, ce dont ils n'accusaient par leur imprévoyance, mais l'insuffisance de la protection qu'on leur accordait. L'ingratitude est un phénomène banal.

La presse qui, par une singularité fort remarquable, a été toujours extrêmement libre en Algérie, où ce qu'on y imprimait ne fût jamais passé en France sans attirer des avertissements aux journaux, ou même leur suppression, fit entendre des protestations dont s'émut à la longue le gouvernement central. La campagne entreprise contre l'autorité militaire aboutit finalement en 1858 à un succès par la suppression du Gouvernement général et la création d'un ministère de l'Algérie et des colonies confié au Prince Napoléon. Celui-ci se montra aussitôt actif et audacieux novateur. Il toucha à bien des choses et d'une main quelquefois rude. Au regard de la propriété notamment, il provoqua un décret de décembre 1858 portant qu'aucun acte translatif de propriété consenti par un Musulman à un Européen *ne pourrait être attaqué par le motif que l'immeuble était inaliénable aux termes de la loi musulmane*, ce qui mettait fin au profit de la colonisation, à un certain nombre de litiges pendants.

Le prince Napoléon annonçait que ce n'était là que le prélude de mesures plus complètes à prendre sur la matière, et effectivement, dès le mois de février 1859, il obtenait un second décret déclarant libres, en territoire militaire, les transactions immobilières portant sur des biens possédés en vertu de titres de propriété privée. Encouragé par des approbations bruyantes, il ne garda plus de retenue, et laissa publier bien haut par des organes officieux son intention de substituer à l'hégémonie militaire un régime civil en concordance avec l'organisanisation métropolitaine. L'armée se récria, l'Empereur fut troublé et, comme il tenait avant tout à ménager les baïonnettes, il rappela son cousin au bout d'un an, lui donnant pour successeur au ministère M. de Chasseloup-Laubat, dont l'éphémère pouvoir ne devait que servir de transition au retour du régime militaire. En 1860, le ministère de l'Algérie disparut et le gouvernement général fut rétabli aux mains du maréchal Pélissier. Avant cette nomination, son prédécesseur avait déjà défait l'œuvre du prince, en faisant rendre, dès le mois de juin 1859, un décret qui suspendait l'exécution de celui du mois de février précédent.

Si l'Algérie n'avait plus de représentants au Parlement, elle y conservait cependant des défenseurs zélés, et non seulement dans l'opposition, mais parmi les membres de la majorité gouvernementale. On demandait pour elle une constitution. L'Empereur la promit, mais il voulut, sans plus attendre, régler la question la plus urgente aux yeux de tous, celle de la propriété. Nous arrivons ainsi à la mémorable année 1863, date du Sénatus-Consulte *portant constitution de la propriété dans les territoires occupés par les Arabes.*

II

Cet acte célèbre, tout en réservant les droits de l'État à la propriété des biens Beylick, ceux des propriétaires des biens Melk et le domaine public, déclarait les tribus de l'Algérie *propriétaires des territoires dont elles avaient la jouissance permanente et traditionnelle, à quelque titre que ce fût.* Il édictait qu'il serait procédé administrativement, à bref délai, à la délimitation des territoires des tribus, à leur répartition entre les différents douars, et à la constitution de la propriété individuelle entre les membres des Douars; des règlements d'administration publique devaient déterminer les formes et les conditions de ces opérations. C'était décréter l'affranchissement du sol, une véritable révolution économique, qui devait avoir pour conséquence logique une révolution sociale, en introduisant le principe de l'égalité dans une société féodalement hiérarchisée.

Mais le Sénatus-Consulte portait à son frontispice une équivoque, la lettre qui l'avait précédé de l'Empereur au maréchal Pélissier. Napoléon III y disait que l'Algérie n'était pas une colonie, mais un royaume arabe. Tout se lie inséparablement dans certaines organisations sociales; toucher à une partie du système c'est risquer d'en ébranler ou d'en compromettre l'ensemble. Le royaume arabe n'était viable qu'à la condition de respecter entièrement l'économie de l'indigénat, de le laisser en possession de son statut personnel et réel à base féodale, que la mise en pratique du Sénatus-Consulte dans sa stricte littéralité eût eu pour résultat de bouleverser.

C'est ce que ne se dissimulait ni ne voulait l'entourage impérial, et alors commença ce que, dans le camp adverse, on a irrévérencieusement appelé la comédie algérienne. En exécution de l'article 3 du Sénatus-Consulte fut promulgué au mois de juin 1863 un règlement d'administration publique qui, par la multiplicité et la complication des formalités auxquelles il soumettait les opérations d'application, devait certainement irriter les impatients. Mais ce qui, plus encore que la prévision de leur longueur, causait du mécontentement, c'était la divulgation des intentions du gouvernement sur la manière dont il entendait procéder à l'établissement de la propriété privée. La circulaire ministérielle du 30 juin 1863, interprétative du règlement d'administration publique, rédigée sous les inspirations et portant la signature du maréchal Randon, contenait les passages suivants : « Les commissions devront se proposer, en général, la consécration « des droits de jouissance existants, bien plus que de l'établissement « d'une assiette nouvelle de la propriété... l'application d'une loi « agraire troublerait profondément la société arabe. ». Cela signifiait clairement qu'en règle générale les détenteurs actuels resteraient en possession de leurs lots, et qu'il n'y aurait point de partage dont la plèbe, l'immense majorité des tribus, pût recueillir un bénéfice. Les appréhensions du ministre de la guerre sur le bouleversement qu'eût entraîné une division populaire du sol étaient incontestablement justifiées. Il s'en serait suivi une inévitable transformation économique et sociale, que le gouvernement avait la volonté de conjurer. Le royaume arabe en eût été tué dans l'œuf.

On répondait à ce langage que le règlement d'administration publique, entendu ainsi, contredisait l'esprit et la lettre du sénatus-consulte, qu'il en était la trahison flagrante. L'article 1er du sénatus-consulte déclarait les tribus propriétaires, sans distinction de classes ni de personnes, appelant à jouir de la propriété *animo domini* tous leurs membres, gens de grande tente, bourgeois, prolétaires. En exclure ces derniers était donc illégal, injuste et en somme revenait à ne rien faire. Un sénatus-consulte consacrant en définitive le *statu quo* n'avait aucune raison d'être. La propriété n'est pas une abstraction, et en la reconnaissant virtuellement à des gens qui en réalité ne l'auraient jamais, on les leurrait et spoliait. Du même coup on ruinait les espérances de la colonisation, qui ne pouvait attendre que de ses transactions avec ceux-ci une extension sérieuse de son domaine. Sans s'attacher à réfuter ces objections, l'administration se mit à l'œuvre. Des commissions furent instituées et commencèrent leur besogne; mais, à leur allure, on calculait qu'il faudrait environ un siècle pour arriver à l'établissement de la propriété privée dans le millier de tribus de l'Algérie. Cette estimation était trop optimiste. Au bout de dix ans, le rapporteur de la loi de 1873 constatait qu'il n'avait pas encore été délivré un seul titre établissant la propriété privée au profit d'un indigène (Rapport de M. Warnier, député d'Alger). Il serait peut-être téméraire d'affirmer qu'on se trouve beaucoup plus avancé aujourd'hui.

Les revendications des colons rencontraient un appui dans le réveil libéral de l'esprit public. Ils avaient intéressé à leur cause d'importants organes de la presse parisienne et, dans les Chambres, à côté de l'opposition, des membres de la majorité, entr'autres un ancien officier des bureaux arabes, le baron Jérôme David, récemment converti aux théories civilistes, dont il aspirait, disait-on, à inaugurer les pratiques comme Gouverneur. C'était un impérialiste ardent, de ceux qui s'intitulaient amis du premier degré, et l'on affirmait que son insistance avait ébranlé l'Empereur et contribué puissamment à la détermination que prit le chef de l'État de se rendre en Algérie pour voir les choses de ses propres yeux.

Ce voyage dont l'annonce causa une joie très vive aux colons, qui en espéraient le gain de leur procès, eût lieu en 1865. Une acclamation immense, faite de gratitude et de confiance, accueillit le Souverain à son débarquement et le suivit jusqu'au départ. L'Empereur, visiblement ému de ces manifestations populaires qui accompagnaient chacun de ses pas, écouta avec bienveillance les représentants des colons. Ils crurent lire sur son énigmatique visage de la sympathie et des encouragements. Ce fut alors une frénésie d'enthousiasme qui n'eût pas toléré l'expression d'une méfiance. J'y étais, j'ai vu et entendu. Dans un groupe de victimes du Deux décembre, qui se signalaient par la chaleur de leurs vivats, un ancien député montagnard disait : « Il vient réparer des injustices, nous devons nous rendre », et il traduisait ainsi fidèlement la pensée de ses coréligionnaires politiques. Peut-être ne se trompaient-ils pas tout-à-fait à ce moment. Mais un incident, dont les journaux, soit ignorance, soit invitation à se taire, soit qu'ils jugeassent dans l'intérêt de leurs clients le silence plus habile, s'abstinrent alors de parler, vint changer, si du moins il n'avait pas déjà de pensée de derrière la tête, les dispositions favorables qu'on lui prêtait. Dans le département d'Oran, en traversant une tribu qui, bien que rattachée en partie au territoire civil, comptait un fort contingent d'indigènes de territoire militaire, la voiture impériale fut soudain assaillie par une nuée d'Arabes. Il en était venu de tous les douars environnants et de localités éloignées. On estima qu'ils étaient au moins vingt mille accourus pour témoigner de leur allégresse de cette auguste visite. Ils voulaient voir de près l'Empereur, toucher ses vêtements, baiser sa botte et, dans leur délire indiscret, ils eurent tôt fait de bousculer son escorte et de rompre les lignes de miliciens du voisinage échelonnées sur le passage. Le maréchal de Mac-Mahon et le général Deligny ne parvinrent pas sans peine à les écarter, mais finalement ils y réussirent par leurs simples exhortations, ce que n'avaient pu faire les maires et autres fonctionnaires civils.

Dès lors, l'impuissance de l'autorité civile était démontrée pour le Chef de l'État et le prestige de l'autorité militaire rehaussé avec éclat. Ce mouvement était-il spontané — nous le croyons sincèrement — ou avait-il été préparé, comme on ne se fit par faute d'en accuser plus tard les bureaux arabes? Toujours est-il que l'Empereur qui, dit-on, craignit un moment d'être enlevé et devint très pâle, ne laissa sur l'heure rien transpirer de ses impressions; mais, dès son retour à Paris, le souverain, plus volontiers épistolier que parleur, adressa au Maréchal Gouverneur une lettre qui ne souffrait pas de doute sur sa volonté de réagir contre les tendances civilistes, et que suivirent bientôt des décrets augmentant le territoire militaire, auquel on adjoignait des portions considérables de territoire civil, et subordonnant dans les départements les préfets aux généraux de division nommés commandants des provinces. On conçoit qu'avec le nouveau système, les opérations qui devaient avoir pour but de constituer la propriété individuelle ne furent pas activement poussées. Moins de trois ans après survint l'épouvantable famine qui détruisit au bas mot un cinquième de la population musulmane, et pendant laquelle les commissions n'eurent rien à faire dans les tribus vidées de leurs habitants par la mort.

Ce désastre amené par des fléaux successifs, qui s'étaient suivis d'année en année, sécheresse, sirocco, sauterelles, et contre lequel l'autorité se montra imprévoyante, malgré les avertissements multipliés du public, n'en accusait pas moins un vice essentiel de l'organisation sociale. On constata que, tandis que la mortalité sévissait si cruellement sur les tribus, de petits propriétaires musulmans, vivant dans le voisinage des Européens et cultivant eux-mêmes leur domaine à l'instar des colons, n'avaient pas plus souffert que ces derniers. Le collectivisme était donc la cause du mal, la propriété individuelle le moyen du salut. C'est ce qu'on représenta à l'Empereur dont l'âme fluctuante en reçut une forte secousse. Napoléon III n'était plus l'homme ferme en ses desseins, de volonté obstinée jusqu'à l'entêtement, des premières années du règne. On avait été frappé déjà en Algérie de l'altération de ses traits à la suite de la moindre fatigue, et de sa difficulté de marcher sans l'appui d'un bras lorsqu'il mettait pied à terre. Il était atteint d'une maladie dont les souffrances réagissent sur le cerveau, et M. Émile Ollivier (*Revue des Deux-Mondes*, 1er juin 1902) nous le montre sujet à des crises fréquentes qui, anéantissant son libre arbitre, donnaient à son entourage une prise de plus en plus forte sur lui. A côté des conseillers officiels, il y avait les officieux, les hommes de l'intimité, qui n'étaient pas toujours les moins écoutés et tiraient en sens contraire. C'est ainsi qu'on obtint de sa mobilité une mesure qui constituait une sorte de démenti à ses actes précédents, nous voulons parler de la mission confiée au comte Lehon aux fins d'une enquête auprès de la population algérienne, et dans laquelle de nombreux témoins de toute origine consignèrent leurs dépositions, qui concluaient presque unanimement à un changement de régime administratif et économique. Peut-être les tergiversations impériales eussent-elles pris fin et abouti à une évolution nouvelle de la politique algérienne, aiguillée dans le sens de ces revendications; mais la guerre éclata, suivie bientôt de cette formidable insurrection kabyle et arabe, qui mit un moment notre domination en péril.

III

L'insurrection réprimée, on pensa avec raison que le plus pressé était d'en prévenir le retour, et qu'à cet effet il fallait surtout s'appliquer d'abord à désagréger la tribu, dont l'organisation guerrière avait été dénoncée à la tribune par le baron David comme l'obstacle dirimant à toute expansion du mouvement colonisateur et à sa sécurité. C'est à quoi l'amiral de Gueydon s'attacha avec une volonté ardente et tenace, au moyen de mesures administratives qui devaient amener la substitution progressive de notre organisation communale au régime des Douars. Sans se proclamer partisan déterminé de l'assimilation, car son esprit absolu ne se fût asservi à aucune étiquette, il orienta sa direction vers ce but, et il dura assez pour imprimer aux choses une telle impulsion qu'après lui faire machine en arrière, devenait de presque impossible entreprise. Aussi, le général Chanzy et ses successeurs poursuivirent-ils l'application du programme, et aujourd'hui, la tribu privée de ses chefs héréditaires, disloquée, dispersée dans des communes de plein exercice, mixtes ou indigènes, administrées par des fonctionnaires nommés par le Gouvernement français, n'est plus qu'une dénomination ethnique et historique. Ils apportèrent en même temps leurs soins à l'exécution des opérations préliminaires du Sénatus-Consulte, dont le public européen d'Algérie réclamait avec une insistance chaque jour croissante l'achèvement, parce que leur terminaison ne devait plus permettre d'ajourner la constitution de la propriété personnelle.

Nul procédé en définitive plus efficace pour défaire l'organisation patriarcale de la tribu, que d'émanciper l'Arabe, de lui créer une individualité propre par l'attribution à chacun de ses membres de la propriété privée, conformément d'ailleurs aux principes niveleurs de l'égalité républicaine. Aussi la poursuite de ce but devait être la préoccupation dominante.

L'assemblée nationale désigna une commission parlementaire chargée de cette mission. Le général Chanzy, entendu par elle, contribua de ses conseils à l'élaboration de la loi de 1873, dont on concevait les meilleures espérances, et qui fut si féconde en déceptions. J'étais alors le commensal et confident de son rapporteur et principal auteur, le docteur Warnier, et j'ai été témoin de ses illusions et de ses angoisses. Warnier était tout dévoué aux colons, ses commettants, et très sympathique aux Arabes, au milieu desquels il avait longtemps vécu et dont il estimait les fortes qualités. Il rêvait l'union des deux races, sincèrement persuadé que la constitution de la propriété individuelle chez les indigènes serait le lien entre elles, que les Arabes, au contact plus fréquent des Européens, sortiraient de leur torpeur, qu'ils apprécieraient les avantages de nos procédés culturaux et feraient avec les colons une population de paysans algériens. Cependant, il éprouvait par instants la crainte, justifiée depuis par l'événement, que sa loi ne servit aussi d'instrument à une spoliation méthodique de l'élément musulman.

M. Albert Grévy, qui remplaça sur ses entrefaites le général Chanzy, alla en Algérie avec la mission et l'intention d'activer les opérations du Sénatus-Consulte et d'exécuter la loi nouvellement votée. Mais il

*

fut presque aussitôt la dupe d'une sorte de mirage surgi dans son imagination. Il se dit qu'il n'y avait pas moyen de créer la propriété individuelle là où l'individu, fondu dans la collectivité, n'existait pas. Ça avait l'air d'un truisme et n'était en réalité qu'un paradoxe. Sous la suggestion de cette idée, il imagina de pourvoir les Arabes de noms patronymiques, ce qui emportait de nouvelles dépenses et pertes de temps, et était parfaitement inutile.

Le Gouverneur ignorait que jamais, malgré des homonymies fréquentes, il n'est arrivé dans les tribus, où tout le monde se connaît, où chacun se surveille et où le chef répondait de l'identité des gens, qu'un individu mandé par l'administration ou la justice ne fût pas touché par la citation. Et ces noms, laborieusement trouvés, que l'on oublia, par une distraction incompréhensible, de rendre obligatoires pour les enfants du nouvel immatriculé, furent plus tard une source de difficultés, quand les héritiers de celui-ci, ayant à toucher de l'argent aux caisses publiques, se présentaient aux guichets. Les comptables ne se désaississaient des fonds qu'après de longues enquêtes destinées à dégager leur responsabilité.

L'application de la loi de 1873 commença tout de même sous M. Grévy, mais c'est après lui surtout qu'il en fut fait usage, et alors la comédie tourna en tragédie.

La loi du 26 juillet 1873 *relative à l'établissement et à la conservation de la propriété en Algérie* édicte en son art. 1er que *la transmission contractuelle des immeubles et droits immobiliers, quels que soient les propriétaires, sont régis par la loi française.* C'est la liberté des transactions sans entraves. L'art. 3 porte que la propriété ne sera attribuée aux membres de la tribu que dans la mesure des surfaces dont chaque ayant-droit a la jouissance effective; le surplus appartenant, soit au Douar comme bien communal, soit à l'État comme biens vacants ou en déshérence, par application de l'art. 4 de la loi du 16 juin 1851. Par cette disposition, le législateur adoptait les vues du maréchal Randon quant au partage des lots, n'y admettant que ceux qui étaient déjà en possession du sol par une jouissance effective; mais il eût fallu sans doute consacrer, avant la mise en pratique de l'art. 1er, cet état de fait, au moyen de titres définitifs, régler la part de chacun, et l'on n'y prit garde; de sorte que l'art. 1er, dont l'application en restait indépendante par ses termes généraux, fut seul à jouer.

L'application qui en fut faite eut lieu en contradiction des termes de l'art. 3, c'est-à-dire sur le pied de l'indivision entre tous les mem-

bres de la collectivité considérés comme possédant chacun un droit égal
au bien commun.

Quand les fonctionnaires chargés de constater la propriété d'un
groupe avaient rempli cette tâche, comme il n'était point dans leur
droit de faire cesser l'indivision, l'unique moyen pour un copropriétaire d'obtenir délivrance de sa part consistait à provoquer la licitation.
Il ne l'eût point fait spontanément par crainte de ses cointéressés ;
mais des spéculateurs à l'affût de sa détresse et l'exploitant sans vergogne lui achetaient, moyennant un prix dérisoire, sa part indivise.
Le vendeur nanti disparaissait aussitôt et l'acquéreur demandait le
partage en justice. La collectivité résistait, plaidait, mais en présence des dispositions formelles du Code civil seules applicables, elle
perdait son procès et en supportait les frais. M. Burdeau, rapporteur
du budget de l'Algérie pour 1892, constatait que dans un douar de
513 habitants, possédant indivisément un domaine de 292 hectares,
un clerc d'avocat-défenseur avait acheté pour 20 francs une part infinitésimale de la propriété et réclamé la licitation. Les frais montèrent
à près de 11.000 francs, à la suite d'une procédure menée dans l'étude
de ce défenseur, et la propriété en totalité fut finalement adjugée aux
enchères pour 80 francs, au profit d'un autre clerc de la même étude.

On a cité d'autres exemples nombreux et non moins scandaleux de
cette âpre curée qui, en fin de compte, se solde par la ruine d'une masse
d'indigènes et par l'accaparement de leurs terres héréditaires aux
mains, non de colons laborieux disposés à mettre eux-mêmes le sol en
valeur, mais de quelques individualités usurières. Encore si ces acquéreurs avaient fait appel pour les cultiver à la main-d'œuvre européenne
qui, quoique rare et chère, n'est pas introuvable ; mais même pouvant
se la procurer, ils préfèrent ne pas l'employer et exploiter selon le
mode arabe, au moyen de khrammess, et parmi ceux-ci on en rencontre qui, par une cruauté particulière du sort, se soumettent, pour
vivre, à cette condition sur leurs anciens biens, au service de ceux qu'ils
considèrent comme leurs spoliateurs.

C'est surtout sous le proconsulat décennal de M. Tirman que se
multiplièrent les lamentables pratiques, auxquelles le Gouverneur
assistait avec une impassibilité résignée, ne se jugeant sans doute pas
suffisamment armé pour y mettre obstacle. Il essaya cependant d'y
parer dans une mesure qu'il supposait plus efficace qu'elle ne l'a été.
Ainsi il prit activement part à l'élaboration de la loi de 1887, qui a
amélioré un peu la situation en rendant plus malaisées certaines licitations abusives et moins coûteuses quelques procédures. Mais les for-

malités sont dispendieuses encore que, d'après un relevé fait en 1894 par M. le Sénateur Gérente au greffe du tribunal d'Orléansville, il ne revenait en définitive aux propriétaires dépossédés que deux francs au maximum pour prix de l'hectare dans cet arrondissement. Et à cette date on y comptait 12.000 personnes, qui vivaient auparavant sur 14.000 hectares, réduites par suite des ventes forcées à la mendicité et au vagabondage.

Si l'on ajoute qu'à ce même moment, sous prétexte de protéger le domaine forestier, l'administration des forêts appliquait avec la dernière rigueur aux Arabes son Code, déjà si draconien pour la métropole, que ses agents avaient obtenu en 1888 contre les indigènes des condamnations montant à 1,200,000 francs recouvrés jusqu'à concurrence de prix d'un million, que les tribus expulsées des bois où elle faisaient pâturer leurs bestiaux et se livraient à la fabrication du charbon, ont été dépossédées de leur jouissance sans indemnité et jetées sans ressources dans la campagne, on conclura avec le rapporteur du Sénat, M. Guichard, que de pareils procédés conduisaient fatalement à l'extermination de la race. Je fis à cette époque, dans les salons du ministère de l'intérieur, la rencontre inopinée d'un notable Musulman, très sincèrement attaché à la France, que je connaissais depuis longtemps, et j'eus avec lui un entretien significatif. « Ce n'est
« pas, disait-il, la perte de notre autorité que nous déplorons le plus,
« mais nous ne pouvons voir d'un œil sec la misère imméritée de nos
« coreligionnaires et nous empêcher de regretter les gouverneurs
« militaires qui, tout en pesant quelquefois durement sur nous, nous
« protégeraient contre ces exactions. Nous n'avons pas d'autre repro-
« che à adresser au régime civil, mais ce grief, si l'on n'y met promp-
« tement terme, vous aliénera nos populations à jamais, parce qu'elles
« y voient l'exécution d'un plan en vue de nous anéantir, et ce n'est
« pas ce que nous attendions de la généreuse nation française. »

Sous l'administration de M. Cambon il se produisit quelque détente. Le nouveau Gouverneur changea de fréquentations, son programme annonçait des vues plus favorables à l'indigénat. Il ne put en remplir qu'une partie, principalement celle qui avait trait à l'instruction publique; il réorganisa sur le papier l'enseignement supérieur musulman, et si ses plans sont appliqués, les jeunes Mahométans peuvent recevoir dans des écoles, qui ont quelque rapport avec nos facultés, une érudition variée portant sur la grammaire, la littérature, les sciences philosophiques et juridiques. M. Cambon pourvut ainsi au relèvement intellectuel de la race, avec l'espoir d'en obtenir beaucoup pour l'avenir, mais il se préoccupa peut-être dans une mesure moindre des conditions de son bien-être matériel présent, comptant sans doute qu'à chaque jour suffisait sa peine, et il laissa derrière lui l'agitation anti-sémitique.

Ces effervescence localisée dans quelques villes — car, malgré les excitations pour armer Ismaël contre Israël, les tribus n'y participèrent point — et sa grande partie artificielle, n'était pas sans rapport avec la question de la propriété. Des Juifs et le parti politique dont ils suivaient la bannière avaient pu profiter de ces expropriations de l'indigénat musulman. Des fortunes s'étaient édifiées, suscitant des jalousies qui dérivèrent contre la communauté juive. On exploita perfidement contre elle ces dispositions malveillantes qui firent explosion à la suite de certaines démonstrations de quelques jeunes israélites de Mostaganem. M. Cambon, rendu parfois responsable de l'agitation pour sa soi disant collusion ou complaisance, eut la bonne fortune d'être appelé à un autre poste avant que la crise devint aiguë, et il partit en en léguant les embarras à des successeurs pour la plupart nullement préparés à y faire face. On n'improvise pas un Gouverneur de l'Algérie, quelle que soit d'ailleurs la haute valeur des hommes, et c'est une faute lourde de faire de cette situation si considérable la récompense de services antérieurs. Sous le régime militaire, la machine était montée de façon à aller toute seule. Le Gouverneur gouvernait, sans autre frein que sa propre sagesse, avec un outillage congruant. Les corps délibérants se composaient alors de personnes choisies par l'autorité et dociles à son commandement. Mais aujourd'hui ce sont des assemblées élues, poussées par leurs commettants, dont elles ont reçu quelquefois un mandat impératif, et elles montrent par moments des exigences que l'autorité ne saurait subir sans abdiquer. Le Gouverneur se trouve ainsi placé en quelque sorte entre deux feux, et garder un juste équilibre au milieu de pressions si contraires, n'est guère en la puissance d'un homme tout neuf; il y faut la connaissance préalable du milieu dans lequel on opère. A ce point de vue, on ne pouvait certainement qu'approuver la désignation de M. Jonnart, que son expérience algérienne avait fait accueillir là-bàs avec confiance; mais il fut, à peine installé, contraint par l'état de sa santé de renoncer à son mandat. M. Lépine, que signalait une carrière administrative des plus brillantes ne se jugea pas, à l'épreuve, suffisamment prêt, et trop tôt découragé peut-être, il ne fit de même que passer.

IV

Celui à qui échut le périlleux honneur de leur succession l'accepta avec un sentiment plus léger de ses difficultés et une plus grande confiance en lui-même. La confiance en soi est un élément de force qui suffit quelquefois dans des situations secondaires et n'est généralement pas d'un dynamisme négligeable, parce qu'elle implique une foi et que toute foi est contagieuse. Les succès constants de M. Laferrière étaient de nature à la lui inspirer entière. C'était le Président idéal du Conseil d'État. Esprit ouvert, alerte, souple, ingénieux, plein de ressources, au sens juridique affiné, vastement érudit, rompu aux artifices de la dialectique oratoire, maniant la parole en maître, aucune question ne le prenait au dépourvu et, dans les débats du Corps, il était présent partout. Il y avait conquis une autorité incontestée et sans égale. Ses collègues le virent s'éloigner d'eux avec regret, mais pas sans quelque appréhension pour son avenir, prévenus des côtés défectueux de cette organisation privilégiée. La physionomie de l'homme trahissait par la concentration, et en quelque sorte l'intériorité du regard, une activité cérébrale intense, continue et puissante, souvent admirée de ses entours, mais que commandaient les facultés imaginatives. Au demeurant un idéologue, un spéculatif de vol étendu, riche en combinaisons intellectuelles, et moins bien doué sous le rapport du sens pratique, quoique, malgré son goût de l'inédit, il ne fût pas homme à persévérer, par amour propre, dans une erreur démontrée. On a dit qu'il sollicitait depuis plusieurs mois le gouvernement de l'Algérie, et aussi qu'il en reçut l'offre spontanée. Mais qu'il l'ait recherché ou obtenu sur la recommandation de son seul mérite, il était évident pour ceux qui le connaissaient que M. Laferrière ne se contenterait pas du rôle passif de gouverneur-fainéant et voudrait marquer son passage d'une forte empreinte. Il ne s'en cachait d'ailleurs point, sans rien révéler de ses projets qu'on eût combattus et peut-être fait échouer.

Il ne s'embarquait pas sans lest et bagage. Il apportait un système construit de toutes pièces dans sa tête, ce qui, en faisant supposer une élaboration mûrie, semblait justifier l'opinion que certains avaient de longues visées ambitieuses. M. Laferrière tenait fortement à son utopie (bien entendu nous ne prenons pas le terme en mauvaise part, mais seulement dans la signification primitive de nouveauté généreuse que

lui donnait son inventeur anglais), et il devait craindre en divulgant
spontanément ses vues, avant toute prise de possession, d'en compromettre le succès ou même d'en empêcher la mise à exécution. On ne
saurait d'ailleurs faire un grief à sa mémoire de cette recherche d'un plan
personnel ; mais sur la valeur intégrale de la doctrine, on peut éprouver
d'autant plus d'inquiétude que ses idées étaient en somme moins une
conception originale que la résurrection de théories fort anciennes
datant des premiers temps de la conquête, promptement discréditées,
et dont aucun gouvernement n'osa essayer l'application. (Voir le rapport au Sénat de la loi du 19 décembre 1900.)

Les projets de M. Laferrière ne tardèrent pas à se faire jour par
l'institution des délégations financières, qui fut le prélude de la loi,
votée, sans de bien amples débats, en 1900, portant création d'un
budget spécial de l'Algérie. Peut-être le Parlement, qui a entrepris
d'ailleurs une si vaste tâche, céde-t-il à une certaine lassitude, quand
des questions si souvent agitées devant lui et toujours demeurées en
litige, se reproduisent à la tribune. Il n'y a pas eu de pays plus
enquêté que l'Algérie, où se soient multipliées davantage les commissions. Celle que le Sénat institua en 1891, sous la présidence de
M. Jules Ferry, et où abondaient les compétences et les lumières, avait
donné une secousse à l'opinion. Elle fit une œuvre qui sans doute n'a
pas été inféconde, mais restée malheureusement inachevée. Depuis,
l'intérêt du public s'est graduellement refroidi, usé, et celui aussi de
nos Assemblées politiques qui, estimant qu'après tout, puisque l'action
et la responsabilité appartiennent au Gouvernement, il faut lui laisser
la liberté de l'initiative et le choix des moyens, et préfèrent faire large
confiance à sa sagesse.

Quels seront les effets de la loi de 1900 ? Contient-elle le salut ou la
faillite ? C'est le secret de l'avenir. Mais ce texte dans les détails
duquel nous nous abstiendrons d'entrer, paraît d'une portée très grave
qu'il ne faut pas se dissimuler.

C'est l'autonomie de l'Algérie réalisée, et le premier pas vers sa
séparation de la métropole. Les idées séparatistes ne sont pas nées
d'hier dans ce milieu ardent. Elles se manifestèrent en 1870, assez
timidement, il est vrai, mais sans se dérober, à Oran, où les avaient
propagées, à la suite de la guerre civile espagnole, des réfugiés de la
péninsule. Au moment des préliminaires de la paix avec l'Allemagne,
une proclamation du Maire d'Alger, M. Vuillermoz, élu peu de jours
après député, invitait Gambetta à venir à Alger pour y établir une
république indépendante. Cet appel ne fut pas entendu de celui à qui

il s'adressait et n'eût pas davantage de succès auprès de la population, mais les dispositions d'esprit dont il témoignait se sont peut-être développées depuis. A cette date, il n'y avait encore parmi les Français qu'un petit nombre de natifs Algériens, et les pères, même ceux qui s'étaient fixés sans esprit de retour, gardaient au cœur le pieux amour de la mère-patrie. Aujourd'hui les circonstances ont sensiblement changé. Cette génération est presque éteinte, et celle qui lui a succédé compte un chiffre considérable de jeunes gens nés sur le sol, pouvant, grâce à la diffusion de l'enseignement à tous les degrés, puiser chez eux l'instruction nécessaire à leur carrière, et qui ne se sentent rattachés à la France que par un lien plus détendu. Beaucoup n'y ont jamais mis les pieds, ou n'y sont allés qu'en voyage d'agrément, sans que rien tressaillît en eux en touchant son rivage, et ils aiment mieux la petite patrie où ils s'élevèrent que la grande qui ne leur rappelle aucun souvenir.

Que l'Algérie soit destinée à se détacher un jour pour former une nationalité distincte, certains le croient, le craignent ou l'espèrent, mais nul ne se fait illusion au point d'attendre une échéance prochaine, et la plupart jugent, pour le présent, téméraires et inopportunes toutes les mesures susceptibles de favoriser ce résultat. A un autre point de vue, nombre de bons esprits estiment que l'Algérie ayant beaucoup souffert de l'instabilité des institutions, il convenait, au lieu de les bouleverser encore, de lui laisser, en l'améliorant et la perfectionnant, le régime sous lequel les colons vivaient et en somme ne dépérissaient point. Nous nous sommes même laissé dire par des personnes autorisées que le budget spécial, qui n'a jamais été, du reste, objet d'universel engouement, paraissait aujourd'hui un cadeau redoutable et était devenu impopulaire. Puisse-t-il n'avoir pas de conséquences funestes ! Absorbé par ses soucis de réorganisation générale, M. Laferrière relégua à l'arrière-plan des intérêts non moins vitaux peut-être, et il ne semble pas s'être également préoccupé de la question, cependant urgente, de la propriété. Elle a été de nouveau agitée sous son successeur et examinée par les délégations financières, qui se sont constituées en un véritable Parlement Algérien et possèdent, en la matière, une autorité incontestable reconnue par M. le gouverneur Révoil dans des conjonctures récentes, où il faisait appel à leurs lumières.

Une loi du 16 février 1897, éclose, après une gestation de dix années, d'une réaction contre les abus engendrés par la pratique des systèmes de 1873 et 1887, a eu à la fois pour but de faire abandonner les procédures d'ensemble, c'est-à-dire les licitations appliquées à toute la collectivité, et d'y substituer un mode plus simplifié au moyen de ce qu'on appelle des enquêtes partielles, et qui consisterait à permettre à un ayant-droit d'obtenir l'attribution de sa part personnelle sans préjudicier aux droits de la communauté. C'est là une de ces dispositions légales, moins malaisées à rédiger qu'à faire passer du domaine de la théorie dans celui de l'action, et on ne saurait méconnaître qu'il existe quelque lacune dans les règles tracées à cet égard par le législateur. Un conflit s'est élevé entre le Gouvernement et les délégations au sujet de deux articles (4 et 13) de cette loi, dont les termes rapprochés présentent de l'ambiguïté, ou même impliquent contradiction. L'art. 4 déclare que les propriétaires ou acquéreurs, sans distinction de nationalité ni d'origine, peuvent *toujours* prendre l'initiative des procédures organisées en vue d'obtenir la délivrance des titres de propriété; et l'art. 13 édicte d'autre part que, lorsqu'une demande d'enquête partielle a lieu, le plan parcellaire dressé afin de régulariser, d'après la jouissance effective, la situation de l'occupant de la terre, est homologué par arrêté du Gouverneur général pris en conseil de gouvernement; d'où semble découler que l'initiative réservée en l'art. 4 ne pourrait pas s'exercer en tout temps, *toujours*, comme dit le texte, mais seulement après l'homologation du plan parcellaire indiquant la délimitation de la partie du sol occupée par l'individu, c'est-à-dire celle où il a, en vertu du Sénatus-Consulte, un droit privatif de propriété.

Le Gouverneur en concluait que, dans les territoires de propriété collective, aucune terre ne pouvait être vendue avant les enquêtes partielles ayant pour but la constitution régulière de la propriété individuelle, qu'il ne saurait dès lors y avoir dans ces territoires d'acquéreurs qualifiés pour prendre l'initiative des dites enquêtes, et qu'en conséquence le régime de l'inaliénabilité et de l'indivision du sol, si chères aux partisans du Gouvernement militaire, doit y être considéré comme maintenu. Les délégations objectaient les termes formels de l'art. 4, que de telles théories rendraient inapplicable. Le Gouvernement central saisi de la question a voulu, avant de se prononcer, prendre l'attache du corps spécialement institué par la loi pour lui donner des avis, le Conseil d'État. Cette assemblée, sur le rapport d'un de ses membres éminents, M. le Conseiller Hébrard de Villeneuve, s'est rangée à l'opinion des délégations. Le Ministre de l'Intérieur l'a adoptée, le Gouverneur général y a ensuite adhéré, et l'Algérie en est informée à cette heure.

La thèse juridique du rapporteur combinait habilement les dispositions en apparence contraires des art. 4 et 13. Le texte de l'art. 4, disait-il, est clair et impératif, et il faudrait, pour y faire échec, une exception prévue par la loi elle-même. Si l'interprétation du Gouverneur général était exacte, les indigènes eux-mêmes, simples occupants du sol, ne pourraient provoquer les procédures d'enquête, puisqu'ils n'en ont pas la propriété à titre individuel avant les opérations qui sont le préliminaire obligatoire de l'établissement de la propriété personnelle; ainsi, dans ces territoires, on ne pourrait trouver ni acquéreurs ni propriétaires au sens de l'art. 4, et dès lors l'application de la loi en ce qui les concerne serait impossible. L'art. 13 n'a fait en somme qu'ajouter aux formalités requises une formalité spéciale, en vue de réserver les prérogatives du Gouvernement dans les territoires de propriété collective, où la délivrance aux acquéreurs de leur titre définitif de propriété ne sera effectuée par le Directeur des Domaines qu'après la publication prescrite par l'art. 13 de l'arrêté du Gouverneur général homologant le plan parcellaire.

Donc rien ne s'oppose à ce que les personnes qui ont traité avec des indigènes pour l'achat d'immeubles situés en territoire de propriété collective prennent l'initiative des procédures d'enquêtes partielles organisées par la loi du 16 février 1897, mais les effets utiles de leur acquisition et la consolidation de la propriété entre leurs mains, au moyen d'un titre définitif, sont subordonnés à la sanction de l'autorité administrative. La conséquence c'est que celle-ci devient juge d'une question de propriété, qu'elle restera maîtresse de tout arrêter, et, comme elle fera ainsi un acte de Gouvernement, on ne voit pas quel recours former contre ses décisions, sauf l'intervention de membres du parlement, au moyen d'une interpellation adressée au ministre responsable. Et à quel moment le Gouverneur général sera-t-il appelé à exercer ce pouvoir? Ce sera après que les dépenses occasionnées par la procédure d'enquête, et à la charge des requérants, auront été faites. Tout au plus conçoit-on une action possible en vue de leur remboursement. Et ici se pose un point d'interrogation. Qu'est-ce que ce plan parcellaire, sinon celui d'un lot individuel? Et comment détacher une parcelle quelconque d'un bien collectif, s'il n'a pas été préalablement procédé à sa division en autant de parcelles qu'il existe d'ayants-droit? Aux termes de notre Code civil, que la loi de 1873 déclare applicable aux tractations immobilières en Algérie, lorsque des immeubles sont possédés indivisément et qu'un intéressé veut sortir de l'indivision, s'il ne s'entend pas avec ses cohéritiers, le tribunal commet des experts pour estimer le prix de ces immeubles, dire s'ils sont commodément partageables en nature, et fixer dans ce cas chacune des parts et sa valeur. Si les copartageants se mettent d'accord, chacun prend la sienne; dans l'hypothèse contraire, on tire les lots au sort, et ce n'est qu'après ce partage, amiable ou déterminé par le sort, que l'indivision cesse en fait et chacun entre en possession de sa portion. Alors on peut la lui acheter en parfaite connaissance de cause, auparavant il ne pouvait aliéner qu'un droit. L'acheteur de ce droit avait qualité pour provoquer la licitation, et c'est ainsi qu'agirent les Européens et Juifs qui se rendirent acquéreurs de droits immobiliers de Musulmans. Ils obtinrent ainsi l'expropriation de la collectivité. Il ne paraît guère possible que les choses se passent différemment aujourd'hui. Comment un copropriétaire de bien collectif pourrait-il prétendre à telle parcelle plutôt qu'à telle autre, s'en emparer, si la division de l'immeuble n'a pas été déjà effectuée, et suivie, soit d'un tirage au sort des lots, soit d'un accord volontaire entre les copartageants? C'est donc la licitation des biens de la communauté, douar ou famille, que devra poursuivre, soit le copropriétaire indigène, soit l'acquéreur de ses droits, et dès lors il n'y aura possibilité d'établir un plan parcellaire qu'après les lotissements privés attribués aux particuliers à la suite de cette licitation portant forcément sur l'ensemble.

Les difficultés pratiques n'avaient point échappé à la sagacité du rapporteur du Conseil d'État qui, en recherchant et trouvant une conciliation doctrinale entre deux dispositions législatives disparates, en apercevait le côté faible, et donnait à entendre, dans les considérants de l'avis proposé, que la solution serait peut-être plus utilement fournie par le législateur. La vérité est plutôt, à notre humble avis, exprimée dans cette incise. Le législateur doit perfectionner et compléter son œuvre inachevée et à certains égards peu cohérente, et il n'a qu'un moyen, aborder résolument, soit en consacrant la jouissance des fellah, soit en décrétant un partage agraire, le problème de l'établissement de la propriété individuelle, autour duquel il s'est en quelque sorte jusqu'ici prononcé, sans jamais l'attaquer de front. Au cas où aucune proposition ne viendrait des Chambres, le Gouvernement pourrait les saisir d'un projet de loi, qui modifierait la situation actuelle dans un sens plus libéral, plus équitable et plus politique. Nous disons plus politique, car, indépendamment de toute raison d'humanité, des nécessités impérieuses commandent de conserver les Arabes en Algérie. Malgré leur état de dépression, ils forment, on ne doit pas l'oublier, la très grande majorité de la population et sa principale force productive. On ne les remplacerait pas, et la preuve en est que les Européens, sauf ceux qui cultivent eux-mêmes de petits domaines, se servent de leurs bras, sous prétexte qu'ils ne peuvent en trouver suffisamment ailleurs. Il y a un parti aveugle qui les réduirait volontiers à un état de demi-servage, les y tient déjà en grand nombre et s'enrichit de leur appauvrissement. Ce n'est pas là une visée acceptable pour la noble nation française. Le sol de l'Algérie présente une surface assez vaste et assez fertile pour nourrir tous ses habitants, offrir une belle part à la colonisation et celle dont ils ont besoin à nos regnicoles Musulmans, qui nous sont si utiles, ne demandent qu'à vivre en paix et amitié avec nous, et que la confraternité des champs de bataille nous a indissolublement unis.

Un diplomate fameux formulait dans un accès de misanthropie chagrine ce paradoxe impie : « Si j'avais la main pleine de vérités, je m'empresserais de la fermer ». Il faut espérer, au contraire, qu'averti du mal, pouvant mesurer le péril, son étendue et ses causes, le législateur, après tant de tâtonnements et d'expériences, saura enfin découvrir et le gouvernement appliquer avec fermeté une solution digne de cette République qui veut pour tous l'égalité, et a pour principale raison d'être le devoir de réaliser la plus grande somme de justice sociale.